ES GESCHEHEN NOCH ZEICHEN UND WUNDER

PETRA GERSTER
CHRISTIAN NÜRNBERGER
(Hrsg.)

ES GESCHEHEN NOCH ZEICHEN UND WUNDER

DIE FÜNFZIG SCHÖNSTEN REDEWENDUNGEN DER BIBEL

DEUTSCHE BIBEL GESELLSCHAFT

edition chrismon

Bibliografische Information der Deutschen Nationalbibliothek:
Die Deutsche Nationalbibliothek verzeichnet diese Publikation in der Deutschen Nationalbibliografie; detaillierte bibliografische Daten sind im Internet über http://dnb.d-nb.de abrufbar.

Das Buch wurde auf alterungsbeständigem Papier gedruckt.

Gestaltung: Anja Haß, Leipzig
Druck und Bindung: BELTZ Bad Langensalza GmbH

ISBN 978-3-96038-189-1
www.eva-leipzig.de

ISBN 978-3-438-06289-5
www.die-bibel.de

INHALT

INHALT

*„Nichts ist schwerer,
nichts erfordert mehr Arbeit,
mehr Kultur, mehr Zucht,
als einfache Sätze
unvergesslich zu machen."*

Kurt Tucholsky

VORWORT

*Petra Gerster und
Christian Nürnberger*

„Nichts ist schwerer, nichts erfordert mehr Arbeit, mehr Kultur, mehr Zucht, als einfache Sätze unvergesslich zu machen", schrieb einst Kurt Tucholsky. Vermutlich war er gerade von dem Ehrgeiz getrieben, einen unvergesslichen Satz zu formulieren, als er das schrieb, und hatte gemerkt, was für eine Plage das ist, und hat dann eben diesen unvergesslichen Satz über unvergessliche Sätze hingeschrieben.

Die meisten solcher Sätze verdanken die Deutschen wohl Goethe und Luther. Goethe jedoch hatte es leichter. Ihm stand schon zur Verfügung, was Luther erst erschaffen musste. Und was er erschaffen hatte, ermöglichte Goethe, aus dem Vollen zu schöpfen, denn Luther hatte sich wirklich geplagt, hatte ein Übermaß an Arbeit, Wissen, Können, Kultur und Disziplin in jedes Wort investiert.

Davon profitieren wir bis heute. Noch heute benutzen wir Wörter und Redewendungen, die Luther erst erfinden musste, Wörter wie Bluthund, Denkzettel, Gewissensbisse oder Sündenbock, dazu Redewendungen, wie sie in diesem Buch verzeichnet sind. Man merkt ihnen ihr Alter nicht an. Würde man in einer x-beliebigen Fußgängerzone x-beliebige Menschen raten lassen, seit wann das Sprachbild „Schwerter zu Pflugscharen" in Deutschland in Gebrauch ist, würden vermutlich die meisten Passanten auf die friedensbewegten Siebzigerjahre des letzten Jahrhunderts tippen.

Luther hat solche Wörter und Redewendungen fast aus dem Nichts erschaffen müssen. Was ihm zur Verfügung stand, waren ja nur lateinische, griechische und hebräische Bibeltexte, als er sich vor einem halben Jahrtausend auf der Wartburg daranmachte, die Bibel ins Deutsche zu übersetzen. Zwar gab es schon circa 70 Übersetzungen von Bibeltexten ins Deutsche, aber die taugten nichts, denn es handelte sich um schwer verständliche Wort-für-Wort-Übertragungen der lateinischen Vulgata, die selbst schon eine oft ungenaue Übersetzung aus dem griechischen Original ist. Keine dieser in deutsche Dialekte übersetzten Bibeln schaffte es, die Botschaft der Heiligen Schrift wirklich „rüberzubringen".

Luther erkannte sofort: Durch das Kleben am Wort haben die Übersetzer den ursprünglichen Sinn des Textes mehr entstellt als wirklich übersetzt. Statt Wort für Wort wollte er daher Sinn für Sinn ins Deutsche übertragen. Aber was heißt schon „Deutsch"? Es gab das „Deutsche" ja noch gar nicht. Es gab nur verschiedene deutsche Dialekte und die blutleere mitteldeutsche Kanzleisprache. Das reichte nicht, um dem Sprachreichtum gerecht zu werden, der in dem differenzierten, nuancenreichen Griechisch steckte, der Sprache, in der Paulus predigte.

Was also sollte Luther tun? Wie kann man den Schatz der Bibel so aufs Boot packen, dass er komplett ist und beim „Über-Setzen" vom griechischen Ufer ans deutsche nichts verlorengeht? Und wie muss er entpackt werden, damit die, die gewohnt sind, sich untereinander mit ihrer reduzierten Alltagssprache zu verständigen, den Sinn, den Reichtum und den ganzen Schatz erfassen?

Wer so etwas vorhat, muss dem Volk genau zuhören, wie es spricht. „Denn man muss nicht die Buchstaben in der lateinischen Sprache fragen, wie man soll Deutsch reden, wie diese

Esel tun, sondern muss die Mutter im Hause, die Kinder auf den Gassen, den gemeinen Mann auf dem Markt drum fragen und denselbigen auf das Maul sehen, wie sie reden, und darnach dolmetschen; da verstehen sie es denn und merken, dass man deutsch mit ihnen redet."

Das ist harte Arbeit. Wer diese Qual nicht auf sich nimmt, quält seine Leser und Zuhörer. Luther nimmt die Qual auf sich. Er lässt sich Edelsteine aus dem Besitz des Kurfürsten Friedrich auf die Wartburg bringen und sich die Namen erklären, um die in der Bibel genannten Edelsteine richtig übersetzen zu können. Er geht zu einem Metzger und lässt sich die Innereien eines Schafes zeigen und benennen, um die im Alten Testament geschilderten Tieropfer zu verstehen, und kommt so an einer anderen Bibelstelle, einem Psalm, auf das Bild, etwas „auf Herz und Nieren" prüfen zu lassen.

Er zieht andere zu Rate, Experten, die sich auf bestimmten Gebieten viel besser auskennen als er selbst. Er umgibt sich mit einem Team aus Fachleuten, die auf ihren Gebieten mehr wissen und mehr können als er selbst. Philipp Melanchthon, Professor der griechischen Sprache und Kenner des Hebräischen, gehört natürlich dazu. Johannes Bugenhagen, Professor an der Universität und Pfarrer an der Stadtkirche Wittenberg, ist der große „Lateiner" der Gruppe. Matthäus Aurogallus, Professor aus Wittenberg, ist der „Hebräer". Georg Spalatin, hochgebildeter Humanist und Theologe, dient Luther als Verbindungsmann zu Friedrich dem Weisen. Die einzelnen Mitglieder des Teams sprechen niederbayerisch, böhmisch, fränkisch und kurpfälzisch, haben in Heidelberg, Tübingen,

Greifswald, Leipzig und Erfurt studiert und gearbeitet. So bringt jeder seine landsmannschaftliche Sprachfärbung in die Arbeit am Bibeltext mit ein, und Luther erhält beständig Anregungen für die schwierige Arbeit des Übersetzens.

Trotzdem bringen sie, wie Luther einmal klagt, manchmal in vier Tagen kaum drei Zeilen zustande. Dabei litt er nach eigenem Bekunden häufig unter Visionen. „Tausend Teufeln bin ich ausgesetzt", schrieb er. Sein Ringen ums richtige Wort gerät ihm zu einem Ringkampf mit dem Teufel, und aus seiner Aussage, er habe den Teufel mit Tinte vertrieben, entsteht die Legende, dass Luther ein Tintenfässchen auf den Teufel geworfen habe.

Vielleicht war es gerade dieser Druck, dieses auf Luther lastende Gefühl, mit Tinte gegen den Teufel anschreiben zu müssen, das Luthers Kreativität explodieren ließ, wenn die Suche nach einer treffenden deutschen Entsprechung für ein griechisches Wort wieder einmal im Sande verlief. Dann musste er sich das Wort quasi selber schnitzen. Das war häufig der Fall, aber wenn das Schnitzwerk dann wie nach einer schweren Geburt in die deutsche Sprache entlassen wurde und diese um ein weiteres Wort bereicherte, sah man ihm die Mühe und den Gebärschmerz nicht mehr an. Plötzlich war es da, das taufrische Wort „Lästermaul", der „Lockvogel", das „Machtwort", die „Nachteule", das „Buch mit sieben Siegeln", der „Wolf im Schafspelz".

Luther nimmt es sehr genau mit seiner Arbeit an Wort und Sinn, denn die Schrift ist ihm heilig. Andererseits erlaubt er sich auch große Freiheiten dort, wo es ihm um Verständlichkeit geht. Da ist ihm gar nichts heilig. Was ihm unwesentlich erscheint, lässt er weg. Was nicht drinsteht, aber um der Deutlichkeit und Verständlichkeit willen drinstehen sollte, schreibt er hinein.

Katholische Kritiker warfen ihm daher vor, den Bibeltext an vielen Stellen verfälscht zu haben, zum Beispiel an jener berühmten Stelle des Römerbriefs, an der Luther seine reformatorische Entdeckung festmacht (Röm 3,21–28). Dort steht: So halten wir nun dafür, dass der Mensch gerecht wird ohne des Gesetzes Werke durch den Glauben.

Luther schmuggelte hier eigenmächtig das Wort „allein" in den Satz, so dass es in allen Lutherbibeln nun heißt: So halten wir nun dafür, dass der Mensch gerecht wird ohne des Gesetzes Werke, allein durch den Glauben (sola fide).

Und er steht dazu, antwortet seinen Kritikern selbstbewusst: „Wahr ist's. Diese vier Buchstaben (sola) stehen nicht drinnen. Aber wo man's will klar und gewaltiglich verdeutschen, so gehöret es hinein." Rumms. Da hat Luther keine Skrupel, denn natürlich liest er die ganze Bibel unter dem Eindruck seines „Turmerlebnisses", seiner reformatorischen Entdeckung und seines neuen Gottesbildes. Genauso übersetzt er. Darum lässt er nicht nur weg, was den Blick aufs Neue versperren könnte, sondern setzt auch hinein, was diesen Blick aufs Neue ermöglicht, weitet oder aufs Wesentliche lenkt.

Brot ist überlebenswichtig, das weiß Luther, der gerne gut und reichlich gegessen und getrunken hat. Aber ebenso weiß er: „Der Mensch lebt nicht vom Brot allein." Er bedarf genauso dringend des richtigen Wortes zur richtigen Zeit, und all diese richtigen Worte stehen in der Bibel. Deshalb – und das war Luthers eigentliches, großes und folgenschweres Anliegen – sollte jeder Mensch die Bibel kennen, um darin selber das jeweils passende Wort zur richtigen Zeit für sich selbst zu finden. Also muss dieses Buch in die Sprachen derer übersetzt werden, die weder Griechisch noch Latein, geschweige denn Hebräisch können. Daraus ergab sich völlig logisch die nächste Konsequenz: Die Leute müssen Lesen und Schreiben lernen, auch der Bauer und die Magd. Bildung für alle wird so zu einer Forderung, deren Ahnherr Martin Luther ist.

Man soll der Magd jedoch nicht mit theologischer Gelehrsamkeit und philosophischen Verschraubungen kommen, dafür hat sie keine Zeit. Die Bibel muss genügen. Dafür muss die aber auch verstehbar sein für die Magd, denn nur wenn sie deren Sinn versteht, wird sie dem großen Widersacher, dem Teufel widerstehen können. Das war der Gedanke dessen, der sich lebenslang im Kampf mit dem Teufel wähnte und unter diesem Druck, seiner Wut, seinen Ängsten, aber auch seinen Hoffnungen, seinem Mut und seiner Zuversicht die Bibel so übersetzte, dass sie nur so strotzt von Sätzen, die unvergessen sind bis zum heutigen Tag.

Daher ist es auch heute noch ein Vergnügen, sich solcher Sätze zu erinnern, sie sich zu vergegenwärtigen und neu anzuverwandeln.

Petra Gerster und
Christian Nürnberger

DIE HERAUSGEBER

PETRA GERSTER
Jahrgang 1955, ist Fernsehjournalistin und Moderatorin, unter anderem für die Hauptausgabe der heute-Nachrichten im ZDF. Gemeinsam mit ihrem Mann Christian Nürnberger veröffentlichte sie bereits zahlreiche Bücher.

CHRISTIAN NÜRNBERGER
Jahrgang 1951, ist Theologe und Journalist. Er arbeitete unter anderem für die Frankfurter Rundschau, das Wirtschaftsmagazin Capital, die Süddeutsche Zeitung und Die Zeit. Seit 1985 ist er mit der ZDF-Moderatorin Petra Gerster verheiratet und lebt mit seiner Familie in Mainz.

Matthäus
Kapitel 7, Vers 6

Etwas Wertvolles und Kostbares soll man niemandem anbieten, der es nicht zu schätzen weiß. Davon spricht dieses von Luther in derber Sprache wiedergegebene Jesuswort. Die Pointe dieser Redewendung zielt also auf ein Gegenüber ab, das sich für eine wertvolle Gabe als unwürdig erweist. Der Betreffende würde etwas in den Dreck ziehen oder lächerlich machen, was einem selber wertvoll beziehungsweise heilig ist.

Jesus hat mit dieser Mahnung seinen Jüngern einschärfen wollen, seine kostbare Botschaft nicht an Menschen weiterzugeben, die darüber lästern und sie mit Füßen treten. Es gibt Situationen, in denen auch ein Christ lieber schweigen sollte, statt das Evangelium dem Spott anderer und der Lächerlichkeit preiszugeben. Das ist dann kein Ausdruck von Feigheit, sondern einfach nur ein Zeichen von Selbstachtung und Ehrfurcht vor dem Wort Gottes.

PERLEN VOR DIE SÄUE

Ihr sollt das Heilige nicht
den Hunden geben,
und eure Perlen sollt
ihr nicht vor die Säue werfen,
damit die sie nicht
zertreten mit ihren Füßen
und sich umwenden
und euch zerreißen.

Sirach
Kapitel 27, Vers 26

Wer eine Grube gräbt,
fällt selbst hinein;
wer eine Falle stellt,
fängt sich selbst in ihr.

Wer kennt das Sprichwort nicht? Es wird entweder zitiert, um Menschen davor zu warnen, anderen zu schaden, oder aber, um einen Täter zu verhöhnen, wenn eine böse Tat schon auf ihn zurückgewirkt hat. Die Grube im biblischen Sprichwort meint eine Falle und steht für den Plan, anderen Böses anzutun. Nun ist die alltägliche Geschichte der Menschheit voll von Erfahrungen, in denen die für andere geplante böse Tat dem Täter selbst zum Verhängnis geworden ist. Die Bibel sieht hinter diesem Zusammenhang von „Tun" und „Ergehen" eines Menschen eine höhere Gerechtigkeit am Werk. Schädigendes Verhalten schädigt über kurz oder lang den Täter selbst.

5. Mose
Kapitel 32, Vers 10

Welcher von den fünf Sinnen ist der wichtigste? „Na klar: das Sehen!", werden die meisten antworten. Um das Auge zu schützen, wenden wir bei Gefahr den Kopf ab und halten die Hände vors Gesicht. So kostbar ist uns das Augenlicht. Auch ein Mensch kann uns so kostbar sein, dass wir ihn „hüten wie unseren Augapfel". Wir nennen ihn oder sie liebevoll „mein Augapfel" und tun alles, damit es ihr oder ihm gutgeht. Aber auch Gegenstände, die ihnen besonders wichtig sind, hüten die Leute manchmal „wie ihren Augapfel".

Dieses Bibelzitat stammt aus einem Lied, das Mose gegen Ende seines Lebens für jene Menschen singt, die er durch die Wüste bis zum Gelobten Land geführt hat. Eindringlich erinnert er an Gottes Fürsorge und Treue: Gott hat doch euren Stammvater Jakob in gefahrvoller Wildnis aufgesucht und ihn ein Leben lang „wie seinen Augapfel" behütet. Und er macht seinem Volk deutlich: So will Gott auch euch liebevoll beschützen – würdet ihr ihm nur euer Herz öffnen!

WIE SEINEN AUGAPFEL HÜTEN

Er fand ihn in der Steppe,
in der Wüste, im Geheul der Wildnis.
Er umfing ihn und hatte acht auf ihn.
Er behütete ihn wie seinen Augapfel.

ÜBER DEN JORDAN GEHEN

Josua
Kapitel 1, Vers 2

Mein Knecht Mose ist gestorben;
so mach dich nun auf und
zieh über den Jordan, du und dies
ganze Volk, in das Land, das ich
ihnen, den Israeliten, gebe.

Um in das von Gott verheißene Land Kanaan zu kommen, mussten die Israeliten nach der beschwerlichen Wüstenwanderung über den Jordan-Fluss gehen. Die Überquerung des Jordans wurde damit gleichbedeutend mit dem Einzug in das Gelobte Land, das Land, in dem „Milch und Honig" fließt.

Wie konnte es da umgangssprachlich zu einer Redewendung werden, mit der man auf den Tod eines Menschen beziehungsweise sein Ende anspielt? Das rührt daher, dass in der späteren religiösen Literatur das Gelobte Land mit dem künftigen Himmelreich in eins gesetzt wurde. Um aber dorthin zu kommen und teilzuhaben an Gottes Herrlichkeit, musste man zuvor über den Jordan gehen, das heißt sterben. So ist die Redewendung zu einem Sinnbild für den Tod geworden, obwohl ursprünglich damit das Gegenteil, der Eintritt in ein reiches und erfülltes Leben, gemeint war.

2. Mose
Kapitel 7, Vers 3

Ein Ausruf des positiven Erstaunens: Etwas, an das wir schon längst nicht mehr geglaubt haben, ist nun doch Wirklichkeit geworden. Wir müssen es gleichsam mit einem übernatürlichen Eingreifen zu tun haben – anders ist die geschehene Veränderung nicht zu erklären. In solchen Momenten sprechen wir von „Zeichen und Wundern".
Und das ist inhaltlich gar nicht so weit weg von der Bibelstelle, in der diese Redewendung erstmals Erwähnung findet: Gott verspricht Mose, mit vielen Zeichen und Wundern in Ägypten zu handeln, um das dort in der Sklaverei festgehaltene Volk Israel endlich in die Freiheit zu führen. Gemeint sind die zehn Plagen wie Hagel und Viehpest, Mücken- und Heuschreckenschwärme oder der Tod der ägyptischen männlichen Erstgeburt. Später wird die Rede von den „Zeichen und Wundern" in der Bibel aber ambivalent gebraucht: nämlich für beeindruckende Geschehnisse, die Menschen entweder zu Recht oder aber vorschnell und damit fälschlich als Eingreifen Gottes in die Geschichte gedeutet haben.

Aber ich will das Herz des Pharao verhärten und viele Zeichen und Wunder tun in Ägyptenland.

Die Menge der Gläubigen aber
war ein Herz und eine Seele;
auch nicht einer sagte von seinen Gütern,
dass sie sein wären,
sondern es war ihnen alles gemeinsam.

Apostelgeschichte
Kapitel 4, Vers 32

Wenn zwischen Menschen so große Harmonie besteht, dass sie fast schon unzertrennlich erscheinen, dann sind sie „ein Herz und eine Seele“. Die Formulierung geht zurück auf eine Bemerkung in der Apostelgeschichte, wonach die ersten Christen in Jerusalem in herzlicher, inniger Gemeinschaft lebten. Allerdings handelt es sich dabei nur um eine Momentaufnahme, denn schon kurz darauf wird berichtet, wie die Gemeinschaft durch den Betrug eines Ehepaares schwer belastet wird.

Ein Herz und eine Seele zu sein, mag für das Zusammenleben einer Gemeinschaft ein erstrebenswertes Ideal sein. Doch sollten wir nüchtern genug sein, auch mit der Möglichkeit von Spannungen und Konflikten zu rechnen. Die Verbundenheit untereinander wird dadurch weder infrage gestellt noch aufgekündigt.

Sprüche

Kapitel 16, Vers 18

Eine allgemeine Erfahrungsweisheit, ein Sprichwort, das unsere Sprache bis heute prägt. Selten hören wir es im Rückblick ausgesprochen, wehmütig klingend aus dem Munde eines Betroffenen. Viel öfter im Vorfeld, mit altklugem Unterton von einem, der meint, uns warnen (und ausbremsen) zu müssen.

Gemeint ist im biblischen Kontext, dass der von Anmaßung und Selbstüberschätzung geleitete Mensch Haltungen einnimmt und Pläne schmiedet, die ihn vergessen lassen, wer er ist: ein Mensch, der als Geschöpf Gottes trotz seiner Fähigkeiten, Dauerhaftes zu schaffen, begrenzt und endlich bleibt. Aber auch ein Wesen, das auf den anderen Menschen angewiesen ist und nur im gemeinschaftlichen Gegenüber zum anderen er selbst sein kann.

HOCHMUT KOMMT VOR DEM FALL

Wer zugrunde gehen soll,
der wird zuvor stolz;
und Hochmut kommt vor dem Fall.

Psalm
Kapitel 127, Vers 2

Gelegentlich wird dieses Psalmwort zitiert, um augenzwinkernd den eigenen Müßiggang zu rechtfertigen oder um jemandem zu bescheinigen, dass ihm etwas gelungen ist, was er angesichts seiner Untätigkeit oder seines Unvermögens gar nicht verdient hat. Man könnte denken, dass demnach all unser menschliches Tun letztlich unwesentlich für Erfolg oder Misserfolg ist und wir allein auf Gottes Hilfe angewiesen sind.

Aber so will der Psalmbeter sicher nicht verstanden werden. Entscheidend ist in diesem Zusammenhang das Wort „Sorgen". Wir machen uns oft unnötige Sorgen, zermartern uns den Kopf, mühen uns ab und meinen, nur so könnten wir am Ende Erfolg haben. Dass aber nicht unsere sorgenvolle Plackerei für das Gelingen entscheidend ist, sondern Gottes großzügig geschenkter Segen, übersehen wir dabei.

Es ist umsonst,
dass ihr früh aufsteht und
hernach lange sitzet und
esset euer Brot mit Sorgen;
denn seinen Freunden
gibt er es im Schlaf.

2. Mose
Kapitel 3, Vers 8

Zu Geburtstagen oder zum Jahreswechsel wünschen wir einander alles erdenklich Gute. Gehört dazu auch „ein Land, wo Milch und Honig fließt"? Wohl kaum. Denn wir leben bereits in einer Weltregion, in der es alles im Überfluss gibt. Und doch spricht uns das Bild aus der Bibel an. Es drückt eine unerreichbare Sehnsucht aus, besonders für Menschen, denen es dreckig geht. Daran werden wir erinnert, wenn wir mit Fremden zusammentreffen, die dem Krieg entronnen sind oder der Hungersnot. Für sie ist unser Land wahrlich „ein Land, wo Milch und Honig fließt". Tief im Inneren wissen aber auch wir, wie flüchtig der Wohlstand ist und das sichere Dasein.

Zweiundzwanzigmal wird das Bild in der Bibel gebraucht, zum ersten Mal an dieser Stelle. Zweiundzwanzigmal wird das Volk Israel daran erinnert, dass Gott es aus der Sklaverei in Ägypten befreit und in ein Land geführt hat, in dem kein Mangel herrscht. Wenn das kein Grund ist, dankbar zu sein?

Und ich bin herniedergefahren,
dass ich sie errette aus der Ägypter Hand
und sie aus diesem Lande hinaufführe
in ein gutes und weites Land, in ein Land,
darin Milch und Honig fließt,
in das Gebiet der Kanaaniter, Hetiter,
Amoriter, Perisiter, Hiwiter und Jebusiter.

EIN LAND, WO MILCH UND HONIG FLIESST

Matthäus
Kapitel 5, Vers 15

Die Wendung ist zum Sprichwort geworden. Doch was ist eigentlich ein Scheffel? Der hier im griechischen Urtext verwendete Begriff bezeichnet ein Gefäß zur Mengenabmessung, das in biblischer Zeit zum Inventar jedes jüdischen Haushalts gehörte. Luther hat ihn mit dem seinen Zeitgenossen vertrauten Wort „Scheffel" übersetzt. Uns ist dieser Begriff längst fremd geworden. Trotzdem verstehen wir, was Jesus hier sagen will: Christen sollen ihre Gaben und Talente nicht vor andern verstecken. Sie sollen gerade in einer oft dunklen Welt ihr Licht durch hilfreiche Worte und Taten vor den Leuten leuchten lassen. Nicht, um sich selbst ins rechte Licht zu rücken, sondern um dadurch andere Menschen auf Gott als himmlischen Vater aufmerksam zu machen.

Man zündet auch nicht ein Licht an
und setzt es unter einen Scheffel,
sondern auf einen Leuchter;
so leuchtet es allen, die im Hause sind.

Wer mit Engelzungen redet, der möchte auf jede erdenkliche Weise andere von seiner Sache überzeugen. Mit schmeichelhaften oder betörenden Worten versucht er, sein Gegenüber für sich einzunehmen. Doch der Erfolg solcher Bemühungen ist keinesfalls gewiss: Oft reicht es eben nicht aus, allein alle rhetorischen Register zu ziehen, um seinen Gesprächspartner für sich zu gewinnen.

Dieses umgangssprachliche Verständnis kommt dem biblischen Original recht nahe. Das findet sich am Anfang des berühmten „Hohelieds der Liebe" im 13. Kapitel des 1. Korintherbriefes – einem bei kirchlichen Trauungen gern zitierten Text. In ihm entfaltet der Apostel Paulus anhand unterschiedlicher Bilder, dass es entscheidend auf die Liebe ankommt. Weder schöne Worte noch kluge Gedanken und Erkenntnisse führen zum Ziel, sondern die Liebe, die nach dem fragt, was der andere braucht.

Wenn ich mit Menschen-
und mit Engelzungen redete
und hätte der Liebe nicht,
so wäre ich ein tönendes Erz
oder eine klingende Schelle.

1. Korintherbrief
Kapitel 13, Vers 1

Matthäus
Kapitel 6, Vers 24

Auf den ersten Blick leuchtet die Aussage nicht unbedingt ein: Manche Menschen haben im Beruf durchaus zwei Chefs und tatsächlich konnte in der Antike ein Sklave in Ausnahmefällen auch zwei Herren gehören. Aber im Bibeltext geht es hier weder um Arbeits- noch um Besitzverhältnisse, sondern um einen ganzheitlichen Dienst gegenüber einem Herrn, um eine Frage des Gehorsams. Und da sieht Jesus in Geld und Besitz (hebräisch: Mammon) eine widergöttliche Macht. Sie kann als ein falscher Herr von einem Menschen derart Besitz ergreifen, dass er sein ganzes Leben nach ihren Maßgaben ausrichtet. Damit aber tritt der Mammon in Konkurrenz zu Gott. Denn Gott will, dass der Mensch sich nur an ihn bindet – und so letztlich frei bleibt für die Welt und seine Mitmenschen.

Niemand kann zwei Herren dienen:
Entweder er wird den einen
hassen und den andern lieben,
oder er wird an dem einen
hängen und den andern verachten.
Ihr könnt nicht Gott dienen
und dem Mammon.

Wer eine Sache oder Handlung als ein „Buch mit sieben Siegeln“ einschätzt, für den ist das Ganze ein Rätsel, undurchschaubar und unverständlich.

Die Redewendung stammt aus der Offenbarung des Johannes. In einer Vision wirft Johannes einen Blick in die himmlische Ratsversammlung um den Thron Gottes. Dabei ist von einem Buch mit sieben Siegeln die Rede. Dieses Buch enthält die Schilderung der endzeitlichen Ereignisse auf der Erde. Nur Jesus Christus, der in der Vision die Gestalt eines Lammes hat, ist würdig, das Buch zu öffnen und die Geschichte so an ihr von Gott bestimmtes Ziel zu bringen. Mag uns auch manches an der Entwicklung der Weltgeschichte rätselhaft bleiben wie ein Buch mit sieben Siegeln, so dürfen wir doch wissen, dass unsere Welt bei Christus gut aufgehoben ist und er mit ihr ans Ziel kommt.

Offenbarung
Kapitel 5, Vers 1

Und ich sah in der rechten Hand dessen, der auf dem Thron saß, ein Buch, beschrieben innen und außen, versiegelt mit sieben Siegeln.

ZUR SALZ-SÄULE ERSTARREN

*Und Lots Frau sah hinter sich
und ward zur Salzsäule.*

Vor Entsetzen regungslos stehen bleiben – das kennen wir. Aber warum eigentlich „zur Salzsäule erstarren“? Gut zu wissen, woher der Spruch kommt: aus der biblischen Geschichte von der Zerstörung der Städte Sodom und Gomorra und dem tragischen Ende einer Frau.

Gott hat beschlossen, die sprichwörtlich bösen Städte Sodom und Gomorra zu zerstören. Den frommen Lot und seine Familie will er verschonen und schickt zwei Engel nach Sodom. Lot, seine Frau und seine Töchter werden von den Engeln in aller Eile aus der Stadt geführt. Als hinter ihnen Schwefel und Feuer vom Himmel regnen, heißt es: Bloß nicht umdrehen, vergangen ist vergangen! Was dann passiert, können Sie sich denken – aber lesen Sie doch selbst in der Bibel nach! Es wird übrigens vermutet, dass die Erzählung anspielt auf Salzformationen am Toten Meer, die damals wie heute aussehen, als seien es Menschen.

Jesaja
Kapitel 2, Vers 4

P

Populär geworden ist die Redewendung „Schwerter zu Pflugscharen“ erst durch die kirchliche Friedensarbeit der Achtzigerjahre in der DDR. Auf dem Höhepunkt des Wettrüstens zwischen Ost und West trugen zahlreiche junge Christen in der DDR auf ihren Parkas und Jacken einen Aufnäher mit dem Abbild eines Schmiedes, der aus einem Schwert eine Pflugschar formt. Dabei handelte es sich um die Wiedergabe der Plastik eines russischen Künstlers, die die UdSSR 1959 den Vereinten Nationen zum Geschenk gemacht hatte. Mit dem Abbild dieser Plastik und dem Motto „Schwerter zu Pflugscharen“ brachten junge Christen ihren Willen zum Ausdruck, Frieden ohne Waffen zu schaffen.

Was uns als realitätsferne, utopische Hoffnung erscheint, ist eine biblische Zukunftsperspektive, die zur Voraussetzung allerdings die Hinwendung der Völkerwelt zum Gott Israels hat.

SCHWERTER ZU PFLUG-SCHAREN

Und er wird richten unter den Nationen
und zurechtweisen viele Völker.
Da werden sie ihre Schwerter zu Pflugscharen
machen und ihre Spieße zu Sicheln.
Denn es wird kein Volk wider das andere
das Schwert erheben, und sie werden hinfort
nicht mehr lernen, Krieg zu führen.

1. Mose
Kapitel 18, Vers 20

Die beiden antiken Städte Sodom und Gomorra – in der Nähe des Toten Meeres gelegen – gelten als Inbegriff für ein lasterhaftes und ausschweifendes Leben. Mit den Worten „Das sind ja Verhältnisse wie in Sodom und Gomorra!" wird der Zustand moralischer Verkommenheit angeprangert.

Die biblische Erzählung im ersten Mosebuch berichtet, dass die Einwohner von Sodom und Gomorra das im alten Orient hoch geschätzte Gastrecht mit Füßen treten. Darüber hinaus führen sie ein sexuell zügelloses Leben. Gott lässt daraufhin Feuer und Schwefel vom Himmel regnen und gibt die beiden Städte dem Untergang preis. Überlebt haben sie als abschreckendes Beispiel für ein moralisch verlottertes Leben. So finden sie bereits in späteren Bibeltexten immer wieder unrühmliche Erwähnung.

Und der HERR sprach:
Es ist ein großes Geschrei
über Sodom und Gomorra,
denn ihre Sünden sind
sehr schwer.

2. Samuel
Kapitel 13, Vers 19

„Asche auf mein Haupt!“, das sagt scherzhaft, wer sich entschuldigt. Wer sich am Aschermittwoch Asche aufs Haupt streuen lässt, bereut seine Sünden und bedenkt, dass er sterblich ist.

Diejenigen, die in biblischer Zeit Schlimmes zu beklagen hatten, taten das oft lautstark und öffentlich. Zum Beispiel, wenn jemand um einen Verstorbenen trauerte. Oder wenn er eine Tat bereute. Oder wenn er ein Unrecht, eine Schande, einen Skandal anprangerte. Man schrie und heulte, zerriss die Kleider, legte ein grobes Trauergewand an. Dazu streute man sich Asche auf den Kopf oder setzte sich in Asche – und hoffte auf ein Ende und den Neuanfang.

Einen entsetzlichen Anlass, sich Asche aufs Haupt zu werfen, hat die Königstochter Tamar im zweiten Buch Samuel, dem ersten biblischen Beleg für diesen Brauch. Tamar wird von ihrem eigenen Bruder Amnon vergewaltigt und verstoßen. Aller Perspektiven beraubt, lebt sie einsam dahin. Wird sie je Gerechtigkeit erfahren?

*… warf Tamar Asche auf ihr Haupt
und zerriss das Ärmelkleid, das sie anhatte,
und legte ihre Hand auf das Haupt
und ging schreiend davon.*

5. Mose
Kapitel 8, Vers 3

Es gibt geflügelte Worte, deren „Abflugsort" nur noch wenigen bewusst ist. Aber nicht allein ist der „Abflugsort" dieses Zitats in Vergessenheit geraten: „Es ist ihm darüber hinaus auch noch einer der beiden Flügel gestutzt worden, indem sein zweiter Teil „... sondern von allem, was aus dem Munde Gottes geht" unter den Tisch gefallen ist.

Wir Menschen leben davon, dass sich Gott uns zuwendet und uns ins Gespräch zieht. Mit seinem Leben schaffenden Wort stillt er unser Verlangen nach Halt und Geborgenheit und macht unsere Seele satt. Die verständliche Sorge um unser materielles Wohlergehen sollte eins nicht verdrängen: Unsere Seele hungert nach einer Botschaft, die uns Halt und verlässliche Orientierung geben kann.

Er demütigte dich und ließ dich hungern
und speiste dich mit Manna,
das du und deine Väter nie gekannt hatten,
auf dass er dir kundtäte, dass der Mensch
nicht lebt vom Brot allein, sondern von allem,
was aus dem Mund des HERRN geht.

DER
MENSCH
LEBT NICHT VOM
BROT
ALLEIN

Matthäus
Kapitel 23, Vers 24

MÜCKEN AUSSIEBEN, ABER KAMELE VERSCHLUCKEN

Wer unbarmherzig auf die Erfüllung jeder noch so kleinen Vorschrift pocht, verliert den eigentlichen Sinn des Regelwerks, den guten Zweck, das große Ziel aus den Augen. Er ist nach den Worten Jesu ein blinder Führer. Er siebt zwar die bedeutungslosen Mücken aus, übersieht aber ganze Kamele und verschluckt sie. Oberflächlich gesehen, muss man den guten Mann deswegen bedauern. Denn ihm werden die Kamele eines Tages schwer im Magen liegen. Er wird merken, dass er das Ziel, für das er sich ereifert, eben durch den blinden Eifer verfehlt hat. Nicht zu bedauern ist dieser Mann wiederum, weil er im tiefsten Inneren weiß, was er tut. Er gibt nur vor, dem guten Zweck zu dienen. Aber in Wirklichkeit geht es ihm darum, über andere Macht auszuüben. Einen solchen Menschen nennt man gemeinhin Heuchler. Und weil er auch noch die Führung beansprucht, muss man die Menschen, denen er ein Vorbild ist, erst recht bedauern.

Ihr blinden Führer, die ihr Mücken aussiebt,
aber Kamele verschluckt!

Lukas
Kapitel 1, Vers 34

„Wie kann ich als Jungfrau zum Kind kommen?" Diese Frage stellt sich die junge Maria, als ihr in der Weihnachtsgeschichte der Engel Gabriel verkündet, dass sie schwanger werden und einen Sohn zur Welt bringen wird. Wie kann das sein, wo sie doch bisher nicht mit ihrem Verlobten Josef geschlafen hat? Der Engel klärt sie auf: Sie wird auf wunderbare Weise vom Heiligen Geist geschwängert werden.

Der biblische Bericht von der Jungfrauengeburt der Maria ist bis heute für viele Menschen so unglaubwürdig, dass sie ihn nicht fassen können. Daher spielen wir mit dem Spruch bis heute überrascht und erstaunt auf ein Ereignis an, gegen das eigentlich jede menschliche Erfahrung spricht und das dann trotzdem wahr ist. Es ist zu wünschen, dass auch wir vernunftorientierten Menschen immer wieder einmal ein überraschendes Wunder Gottes erleben können.

Da sprach Maria zu dem Engel:
Wie soll das zugehen,
da ich doch von keinem Manne weiß?

WIE DIE JUNGFRAU ZUM KIND

DIE ZUNGE IM ZAUM HALTEN

Wenn jemand meint, er diene Gott,
und hält seine Zunge nicht im Zaum,
sondern betrügt sein Herz,
so ist sein Gottesdienst nichtig.

Jakobusbrief
Kapitel 1, Vers 26

Die Mahnung, die Zunge im Zaum zu halten, will uns daran erinnern, welche verheerende Wirkung lieblose, unüberlegt dahingesagte Worte haben können. Nichts lässt sich schwerer wieder aus der Welt schaffen! Sie sind vielleicht gar nicht einmal böse gemeint, aber in ihrer Wirkung gleichen sie abgeschossenen Pfeilen, die andere ins Herz treffen und sie verletzen.

So wie der Reiter seinem Pferd den Zaum anlegt, um es auf diese Weise zu zügeln und zu lenken, so sollen wir unsere Zunge im Zaum halten und unsere Worte wohlüberlegt wählen und ihre Wirkung bedenken. Geschieht das, dann können unsere Worte hilfreich und klärend, tröstend und ermutigend sein. Und wir machen zugleich Gott eine Freude damit.

2. Mose
Kapitel 16, Vers 3

Wir Menschen sind immer wieder versucht, uns die Vergangenheit schönzureden und sie nostalgisch zu verklären. Dann sehnen wir uns nach den vermeintlichen Vorzügen längst vergangener Tage – nach den Fleischtöpfen Ägyptens. Dabei verdrängen wir völlig, wie sehr wir unter den damaligen Zuständen gelitten und auf eine bessere Zukunft gehofft haben.

Ein Beleg für diese Einschätzung liefert die wunderbare Befreiung der Israeliten aus langer Sklaverei in Ägypten. Zunächst jubelt das Volk spontan über Gottes rettendes Eingreifen. Doch angesichts von Mühsal und Entbehrung auf dem Weg in die Freiheit folgen darauf rasch ein missmutiges Murren und die unbegreifliche Verklärung der elenden Vergangenheit. Gott aber hält unbeirrbar daran fest, sein undankbares Volk trotzdem mit allem Lebensnotwendigen zu versorgen und es in das versprochene Gelobte Land zu führen.

Und die Israeliten sprachen:
Wollte Gott, wir wären in Ägypten gestorben
durch des HERRN Hand,
als wir bei den Fleischtöpfen saßen und
hatten Brot die Fülle zu essen.
Denn ihr habt uns dazu herausgeführt
in diese Wüste, dass ihr diese ganze Gemeinde
an Hunger sterben lasst.

Lukas
Kapitel 23, Vers 1

VON PONTIUS ZU *PILATUS* LAUFEN

Und die ganze Versammlung stand auf,
und sie führten ihn vor Pilatus …

Niemand läuft gerne von Pontius zu Pilatus, genauso wenig, wie sich jemand gerne von Pontius zu Pilatus schicken lässt. Gemeint ist, in einer Sache viele und zumeist unnütze Wege machen zu müssen. Wer sich darüber beschweren möchte, der greift zurück auf die Formulierung mit dem römischen Statthalter von Judäa der Jahre 26 bis 36 nach der Zeitenwende. Eigentlich handelt es sich bei „Pontius" und „Pilatus" um den Familien- und den Beinamen ein und derselben Person. Zur Familie der Pontier gehörig (Pontius) charakterisierte der Beiname Pilatus den Mann wohl als „Speerträger". Seinen Vornamen kennen wir nicht.

Hintergrund der Redewendung ist die Erzählung über Jesu Passion laut dem Lukasevangelium. Danach wird Jesus in Jerusalem vom jüdischen Hohen Rat zu Pilatus als oberstem Repräsentanten der römischen Besatzungsmacht gebracht, um bei diesem ein Todesurteil für Jesus zu erwirken.
Als Pilatus erfährt, dass Jesus ein Galiläer ist, sendet er ihn weiter zu Herodes, Regent über Galiläa, der sich damals zufällig in Jerusalem aufhält. Herodes verhört Jesus, verspottet ihn und schickt ihn schließlich zu Pilatus zurück, der erst im Folgenden sein Todesurteil fällt. Anfangs- und Zielpunkt des umständlichen Weges bis zur Verurteilung wird in der Redewendung also jeweils mit einem Namensbestandteil des Statthalters verknüpft.

Markus
Kapitel 16, Vers 16

m

Mit dem Satz „Wer's glaubt, wird selig!" reagiert man meist ironisch oder spöttisch auf eine Nachricht, die total unglaubwürdig erscheint: „Wie kann man nur so naiv sein, das zu glauben!" Aus einer solchen Bemerkung spricht ein Rationalismus, der sich seiner Sache sicher ist.

Einen völlig anderen Sinn hat dieser Satz in seinem biblischen Original. Er geht auf ein Abschiedswort des auferstandenen Jesus an seine Jünger zurück. Darin nennt Jesus die Voraussetzung dafür, selig zu werden, das heißt, einmal zu Gott in den Himmel zu kommen: Wer da glaubt und getauft wird, der wird selig werden. Glaube meint hier nicht das Fürwahrhalten unwahrscheinlicher Behauptungen, sondern das feste Vertrauen darauf, dass Gott es mit unserm Leben gut meint und uns teilhaben lässt am ewigen Leben.

WER'S GLAUBT, WIRD *SELIG*

*Wer da glaubt und getauft wird,
der wird selig werden; wer aber nicht glaubt,
der wird verdammt werden.*

1. Korintherbrief
Kapitel 14, Vers 9

j

Jeder hat sie schon gemacht – die Erfahrung, in den Wind zu reden: Das Gesagte findet kein Gehör, schafft keine Überzeugung, wird nicht umgesetzt. Es scheint, als ob unsere Worte gar nicht angekommen wären, als ob ein starker Wind sie fortgetragen hätte. Die Redewendung lässt sich schon bei den römischen Dichtern Ovid und Lukrez finden. Sie ist durch ihre Verwendung bei Paulus in die Bibel gelangt und durch Luthers Bibelübersetzung in die deutsche Sprache eingegangen. Der Apostel Paulus will den Christen in Korinth klarmachen, dass die verständliche Rede im Gottesdienst einen höheren Stellenwert hat als die sogenannte Zungenrede. In einer fremden Zunge (Sprache) vorgetragen, kann sie niemand verstehen, bleibt sie wirkungslos. Wer hingegen verständlich redet, der kann andere Menschen gewinnen.

So auch ihr:
Wenn ihr in Zungen redet
und nicht mit deutlichen Worten,
wie kann man wissen,
was gemeint ist?
Ihr werdet in den Wind reden.

IN DEN WIND REDEN

Lukas
Kapitel 10, Vers 7

C

Chicago 1886: Tausende stehen Schlange für einen erbärmlichen Job. Drei Dollar für den Zwölfstundentag in der Landmaschinenfabrik. Diesen Hungerlohn wollen demonstrierende Arbeiter am 1. Mai nicht mehr hinnehmen; sie finden: Ein Arbeiter ist seines Lohnes wert. Auch heute, nach über 130 Jahren, wird noch immer für menschenwürdige Arbeitsverhältnisse gekämpft. Kein Frieden in Sicht.

Oder doch? In Lukas 10 finden wir Hinweise auf den Frieden, den Jesus ausrufen lässt. Mein Frieden, sagt Jesus, ist schon im Werden, die große Ernte hat begonnen. Seinen Friedensbotschaftern mutet Jesus einiges zu: Wehrlos wie Lämmer unter Wölfen sollen sie losziehen. Freigiebig sollen sie den Frieden weitergeben und darauf setzen, dass die Leute ebenso freigiebig für sie sorgen. Schließlich ist bei Jesus ein Arbeiter seines Lohnes wert. Vertrauen mit vollem Risiko: Ist das nun weltfremd – oder das einzig realistische Friedensprogramm?

In demselben Haus aber bleibt,
esst und trinkt, was man euch gibt;
denn ein Arbeiter ist
seines Lohnes wert. Ihr sollt nicht
von einem Haus zum andern gehen.

Hebräerbrief
Kapitel 4, Vers 12

DURCH MARK UND BEIN GEHEN

Ein Schrei, ein Blick oder auch ein Erlebnis geht uns durch Mark und Bein – so sagen wir, wenn wir etwas als besonders unangenehm, schmerzhaft oder erschütternd bezeichnen. Luther hat mit dieser Formulierung eine Stelle im neutestamentlichen Hebräerbrief übersetzt. Dort ist von der Kraft des gepredigten Wortes Gottes die Rede, die den Menschen in seinem Innersten erreicht. Wer dieses Wort hört und von ihm getroffen wird, sagt der unbekannte Autor des Briefes, wird überrascht sein von seiner Kraft. Die im ursprachlich griechischen Text eigentlich unverständliche Zuordnung von „Gelenk und Knochenmark" hat Luther in seiner Übersetzung sprachlich verbessert. Denn mit „Mark und Bein" führt er das im Text vorliegende Bild von der schneidenden Durchdringung des ganzen Menschen fort im Hinblick auf die Durchtrennung der Knochen. Lediglich aufgrund des sprachlichen Klangs hat Luther die Reihenfolge „Mark und Bein" gewählt, wissend, dass sie dem Vorgang des Durchtrennens von außen nach innen nicht entspricht.

Denn das Wort Gottes ist lebendig und kräftig
und schärfer als jedes zweischneidige Schwert und
dringt durch, bis es scheidet Seele und Geist,
auch Mark und Bein, und ist ein Richter der Gedanken
und Sinne des Herzens.

Sprüche
Kapitel 16, Vers 9

d

Die Spruchsammlung des Alten Testaments enthält weniger tiefgründige Theologie als vielmehr erfahrungsgesättigte Lebensweisheit. Wer zu der Erkenntnis kommt „Der Mensch denkt, Gott lenkt", hat eine entscheidende Erfahrung gemacht: Nicht noch so kluges, vorausschauendes Planen bietet die Gewähr dafür, dass das angestrebte Ziel erreicht wird. Es ist Gottes gnädige Fürsorge, der unsere Schritte lenkt, auch wenn uns das oft nicht bewusst ist.

Gewiss, vielen Menschen geht dieses Wort gegen den Strich. Sie wollen eigenmächtig über ihr Leben verfügen. Sie setzen sich entschieden dagegen zur Wehr, dass ein anderer ihre Schritte lenkt. Wer aber die Erfahrung macht, in allen Lebenslagen bei Gott gut aufgehoben zu sein, der wird dankbar die Führung Gottes in seinem Leben in Anspruch nehmen.

Des Menschen Herz erdenkt sich seinen Weg;
aber der HERR allein lenkt seinen Schritt.

Apostelgeschichte

Kapitel 9, Vers 18–19

P

Plötzlich kommt einem die Einsicht: „Ja natürlich, das ist es! Jetzt fällt es mir wie Schuppen von den Augen!" Das Problem, das einen geplagt hat, ist gelöst. „Wie konnte ich das nur übersehen? Ich muss blind gewesen sein."

Das Bild von den herabfallenden Augen-Schuppen stammt aus der Bekehrungsgeschichte des Apostels Paulus. Auf dem Weg nach Damaskus erscheint dem Christenverfolger Saulus jener verhasste Christus selbst. Vom Licht der Erscheinung geblendet, wird der hilflose, erblindete Saulus von ihm nach Damaskus geschickt. Dort sucht ihn ein gewisser Hananias auf, der ihn als Glaubensbruder begrüßt und ihm die Hände auflegt. Saulus fällt es wie Schuppen von den Augen, er kann wieder sehen. Nein, vielmehr kann er jetzt im Geiste seines neuen Herrn, Jesus Christus, überhaupt zum ersten Mal richtig sehen.

Und sogleich fiel es
von seinen Augen wie Schuppen,
und er wurde wieder sehend;
und er stand auf, ließ sich taufen
und nahm Speise zu sich und
stärkte sich.

DER
GEIST
IST WILLIG,
ABER DAS
FLEISCH
IST SCHWACH

Matthäus
Kapitel 26, Vers 41

Wer kennt das nicht von sich und seinen Mitmenschen: Man sieht ein, dass etwas getan werden muss, und auch am guten Willen fehlt es nicht. Aber man hat einfach nicht die Kraft. Darum seufzt ein Beobachter voller Mitleid „Der Geist ist willig; aber das Fleisch ist schwach!" – ganz wie Jesus selbst es sprach im Garten Gethsemane zu seinen eingeschlafenen Jüngern.

Das griechische Wort Fleisch meint hier unsere natürliche menschliche Trägheit. Sie sorgt immer wieder dafür, dass wir uns falsch verhalten. So könnte man auch sagen: Der Geist ist schwach, weil das Fleisch zu stark ist. Doch es gibt Hoffnung. Zu Pfingsten kommt ein ganz neuer, kraftvoller Geist auf die in Jerusalem versammelten Jesus-Jünger und macht sie zu Taten fähig, von denen sie vorher nicht zu träumen gewagt hätten.

Wachet und betet,
dass ihr nicht in Anfechtung fallt!
Der Geist ist willig;
aber das Fleisch ist schwach.

Matthäus
Kapitel 7, Vers 15

Ein harmlos freundliches Auftreten kann Tarnung sein, damit nicht auffällt, welch böses Spiel jemand wirklich treibt. Meistens jedoch reden wir vom Wolf im Schafspelz eher im Scherz. Und doch bleibt beim Kennenlernen neuer Mitmenschen oft die Angst vor dem „Wolf" präsent. Schon der römische Komödiendichter Titus Maccius Plautus (ca. 254–184 v. Chr.) war überzeugt: „Ein Wolf ist der Mensch dem Menschen, kein Mensch, wenn man sich nicht kennt." Jesus behauptet im Umfeld der Bibelstelle, aus der diese Redewendung stammt, dass das Wesen eines Menschen durch seine Taten sichtbar wird: „An ihren Früchten sollt ihr sie erkennen." Das gibt hilfreiche Orientierung und schützt uns vor Vorurteilen. Aber was sagen unsere Taten über uns aus?

Seht euch vor
vor den falschen Propheten,
die in Schafskleidern
zu euch kommen,
inwendig aber
sind sie reißende Wölfe.

EIN
WOLF
IM
SCHAFSPELZ

Psalm
Kapitel 94, Vers 15

Durch diesen aufrüttelnden Appell sollen die Angesprochenen begreifen, dass ein bestimmtes Rechtsgut oder gar die allgemeine Rechtsordnung in Gefahr ist. Offen bleibt allerdings, ob die Gefahr tatsächlich oder nur vermeintlich besteht. Und zuweilen keimt sogar der Verdacht, dass der Mahnende nur die eigenen Interessen im Sinn hat.

Dagegen ist Psalm 94, aus dem dieser Mahnruf stammt, ein echter Hilfeschrei zu Gott. Der Beter klagt, dass gottlose Gewalttäter sein Volk im Griff haben. Sie bringen Witwen, Fremde und Waisen um. Dabei glauben sie, Gott sehe sie alle nicht. Und weil die Übeltäter auch die Rechtsprechung an sich gerissen haben, zieht keiner sie zur Rechenschaft. Doch es steht schon fest: Gott wird die Bosheit beenden. Dem Recht wird er wieder Geltung verschaffen und die Unterdrückten befreien.

Denn Recht muss doch Recht bleiben,
und ihm werden alle frommen Herzen zufallen.

Apostelgeschichte
Kapitel 9, Vers 4

VOM

SAULUS

PAULUS

ZUM

Wer vom Saulus zum Paulus wird, der erlebt in seinem Leben eine einschneidende Richtungsänderung. Die Apostelgeschichte berichtet, wie aus dem leidenschaftlichen Christenverfolger Saulus durch eine unerwartete Christus-Vision ein ebenso glühender Missionar unter den Nichtchristen wird. Der Namenswechsel von Saulus zu Paulus soll dies auch äußerlich dokumentieren. Allerdings ist davon auszugehen, dass der spätere Missionar und Apostel von Anfang an einen Doppelnamen trug, wobei Saulus die hebräische Version seines Namens und Paulus die griechische darstellt.

Plötzliche Kehrtwendungen im Leben, wie sie einst Saulus beziehungsweise Paulus erlebte, sind heute wohl eher die Ausnahme. Meistens vollziehen sich grundlegende Veränderungen in der eigenen Lebensführung schrittweise in einem längeren Prozess. Das gilt auch für die Hinwendung eines Menschen zum christlichen Glauben.

… und er fiel auf die Erde
und hörte eine Stimme, die sprach zu ihm:
Saul, Saul, was verfolgst du mich?

1. Samuel
Kapitel 1, Vers 15

Unser menschliches Herz ist ein sonderbares Ding. Mal ist es verschlossen wie eine gut gesicherte Burg, in die niemand eindringen kann, ein anderes Mal offen wie ein Scheunentor, so dass jeder in sein Innerstes Einblick nimmt. Schließlich kann es vor andern ausgeschüttet werden – so wie ein Gefäß bis auf den letzten Tropfen entleert wird. Damit es dazu kommen kann, ist allerdings unbedingtes Vertrauen zu dem notwendig, vor dem man seine geheimen Gedanken und Gefühle ausbreitet.

Hanna, eine alttestamentliche Frauengestalt, hatte großen Kummer, weil ihr Herzenswunsch nach einem eigenen Kind nicht in Erfüllung ging. Ihr Mann konnte sie nicht darüber hinwegtrösten. Erst als sie sich ein Herz fasst und es vor Gott ausschüttet, wird ihre sehnlichste Bitte erhört, und sie gebiert Samuel, einen der großen Propheten Israels.

SEIN HERZ AUSSCHÜTTEN

Hanna aber antwortete und sprach:
Nein, mein Herr! Ich bin eine betrübte Frau;
Wein und starkes Getränk hab ich
nicht getrunken, sondern habe mein Herz
vor dem HERRN ausgeschüttet.

MENE-
TEKEL

So aber lautet die Schrift,
die dort geschrieben steht:
Mene mene tekel u-parsin.

Daniel
Kapitel 5, Vers 25

Als Menetekel bezeichnen wir das geheimnisvolle Vorzeichen eines kommenden Unheils, die Warnung vor einer drohenden Gefahr, die nicht abgewendet werden kann. Im biblischen Danielbuch wird dem babylonischen König Belsazar auf einem seiner Feste der Untergang seiner Herrschaft angekündigt. Eine geheimnisvolle Hand schreibt die rätselhaften Worte „Mene mene tekel u-parsin" an die Wand. Sie stehen im Aramäischen für eine Reihe von Gewichts- oder Währungseinheiten mit abnehmender Größe. Wahrscheinlich ist also gemeint: Die babylonische Herrschaft ist immer weniger wert. Der für die Erklärung der Worte herbeigerufene jüdische Prophet Daniel deutet sie als „gezählt, gewogen und geteilt". Er spricht damit ein Gerichtsurteil über den König und seine Herrschaft. Dabei lässt das dritte Wort (parsin) im Aramäischen klanglich auch an die neue Weltmacht denken, die das babylonische Reich tatsächlich ablösen wird: die Perser.

1. Mose
Kapitel 25, Vers 34

Jakob und Esau sind Zwillingsbrüder, die unterschiedlicher nicht hätten sein können. Als eines Tages Esau hungrig und müde von der Arbeit nach Hause kommt, bittet er Jakob, typisches Muttersöhnchen und Stubenhocker, ihm das für sich zubereitete Linsengericht zu überlassen. Der sieht blitzartig die Chance zu einem für ihn äußerst vorteilhaften Kuhhandel. Schamlos schlägt er seinem Bruder vor: „Überlass mir dein Erstgeburtsrecht, und ich gebe dir dafür den Linseneintopf!" Was für ein lächerliches Tauschgeschäft! Doch Esau zögert keinen Augenblick: Sein Magen knurrt: Er greift zu dem dampfenden Essen und verschleudert dafür sein Erbe als Erstgeborener.

Das Linsengericht ist längst sprichwörtlich geworden. Im übertragenen Sinn verstehen wir darunter eine momentan verlockende, in Wahrheit aber wertlose Sache, die gegen etwas Wertvolles eingetauscht wird. Leichtfertig wird dabei die eigene Zukunft um eines augenblicklichen Vorteils oder Genusses willen verspielt. Ein Tauschgeschäft, bei dem einer am Ende mit leeren Händen dasteht.

*Da gab ihm Jakob Brot und das Linsengericht,
und er aß und trank und stand auf und ging davon.
So verachtete Esau seine Erstgeburt.*

Wenn die Schafe von den Böcken geschieden werden, dann werden Gute und Böse, Unschuldige und Übeltäter voneinander getrennt. Aber sind wir Menschen in der Lage, definitiv darüber entscheiden zu können, wer Schaf (gut) und wer Bock (böse) ist? Steht dieses Urteil nicht allein Gott zu, der uns Menschen bis in die letzten Regungen unseres Herzens kennt und der ein gerechter Richter ist?

So jedenfalls sieht es Jesus, auf den die Rede von den Schafen und Böcken zurückgeht. Er greift das Bild eines alten Schäferbrauchs auf, wonach die Herde nach Geschlechtern getrennt wird. Er will damit zum Ausdruck bringen, dass der Weltenrichter am Ende der Tage sein gerechtes Urteil über die Menschen spricht, indem die Gesegneten von den Verfluchten getrennt werden.

Wenn aber der Menschensohn kommen wird
in seiner Herrlichkeit und alle Engel mit ihm,
dann wird er sich setzen auf den Thron
seiner Herrlichkeit, und alle Völker werden
vor ihm versammelt werden.
Und er wird sie voneinander scheiden,
wie ein Hirt die Schafe von den Böcken scheidet,
und wird die Schafe zu seiner Rechten stellen
und die Böcke zur Linken.

Matthäus
Kapitel 25, Vers 31-33

DIE SCHAFE VON DEN BÖCKEN SCHEIDEN

Und wer diese meine Rede hört
und tut sie nicht,
der gleicht einem törichten Mann,
der sein Haus auf Sand baute.

Wer auf Sand baut, der hat für sein Haus das falsche Fundament gewählt. Jesus spielt mit diesem zur Redensart gewordenen Bild auf die Frage an, worauf wir unser Leben gründen. Tatsächlich haben manche Menschen eine „Schönwetter-Lebensphilosophie“. Sie gehen davon aus, dass im Leben alles gutgeht und sie von Stürmen verschont bleiben. Aber das Leben spielt da oft nicht mit. Wenn unvorhersehbare Krisen oder schwere Schicksalsschläge über uns hereinbrechen, zerbröselt diese Lebenshaltung des „immer fröhlich, alle Tage Sonnenschein“ wie Sand zwischen den Fingern.

Jesus bietet uns ein tragfähiges und krisenfestes Fundament für unser Leben an. Das besteht in seiner Botschaft, die uns Halt und Orientierung gibt. Wer darauf baut, kann auch die Stürme des Lebens überstehen, ohne unterzugehen. Denn er hat auf Fels gebaut.

Matthäus
Kapitel 7, Vers 26

3. Mose
Kapitel 16, Vers 22

... dass also der Bock
alle ihre Missetat auf sich nehme
und in die Wildnis trage;
und man schicke ihn in die Wüste.

Wenn man jemand in die Wüste schickt, geht man bewusst auf Distanz zu ihm, möchte nichts mehr mit ihm zu tun haben und setzt ihm den Stuhl vor die Tür. Die Redensart steht also für die entschlossene Abkehr von einem Menschen, der einem künftig gestohlen bleiben kann.

Ursprünglich bezieht sich die Formulierung auf ein altes Ritual des Volkes Israel beim großen Versöhnungstag. Dabei wurden durch den Hohepriester einmal im Jahr die Sünden des Volkes auf einen Ziegenbock übertragen, der dann in die Wüste gejagt wurde, wo er verendete. Auf diese Weise sollte die Schuld des Volkes durch den Sündenbock getilgt werden. Später wird Jesus aus freien Stücken ein für alle Mal als Sündenbock die Schuld der Menschen auf sich nehmen und sie so für immer aus der Welt schaffen.

2. Mose
Kapitel 21, Vers 23–25

Dieses Wort wird häufig missverstanden. Denn meist dient es dazu, Rache zu rechtfertigen: Wie du mir, so ich dir. Wenn du mich schädigst, habe ich das Recht, auch dich zu schädigen. Damit ist vorauszusehen, dass der Streit eskaliert und schließlich außer Kontrolle gerät. Und wir wissen aus Erfahrung, dass auch Gruppen, Völker und Staaten diesem Verhaltensmuster erliegen.

Demgegenüber will Gott mit seinem Gesetz für Israel solche ungezügelten Rachefeldzüge stoppen. Für einen ausgeschlagenen Zahn soll der Täter nicht mit zwei Zähnen büßen oder gar mit dem Leben. Zugegeben, viele der alten Regeln sind uns heute fremd. Aber über ihnen leuchtet der freundliche Rat: Liebe deinen Nächsten wie dich selbst! – von einem Gott, der selbst unendlich liebt.

Entsteht ein dauernder Schaden,
so sollst du geben Leben um Leben,
Auge um Auge, Zahn um Zahn, Hand um Hand,
Fuß um Fuß, Brandmal um Brandmal,
Wunde um Wunde, Beule um Beule.

WIE EIN DIEB IN DER NACHT

Von den Zeiten aber und Stunden,
Brüder und Schwestern,
ist es nicht nötig, euch zu schreiben;
denn ihr selbst wisst genau,
dass der Tag des Herrn kommt
wie ein Dieb in der Nacht.

Wenn einer wie ein Dieb in der Nacht kommt, dann erscheint er unerwartet, heimlich und unberechenbar auf der Bildfläche. Einen solchen Besucher wünscht sich niemand, zumal ein Dieb ja nichts Gutes im Schilde führt.

Überraschenderweise wird dieses negativ besetzte Bild in der Bibel für einen an sich positiven Tatbestand verwendet: Es geht um die Wiederkunft Jesu auf unsere Erde, mit der das von ihm verkündete Reich Gottes endgültig triumphieren wird. Allen Spekulationen, wann das sein wird, schiebt die Bibel mit dem Bild vom Dieb in der Nacht einen Riegel vor. Um nicht wie von einem nächtlichen Einbrecher überrascht zu werden, gilt es, allezeit nüchtern und wachsam zu sein. Wenn das geschieht, kann uns das umstürzende Ereignis der Rückkehr Jesu nicht auf dem falschen Fuß erwischen.

Begegnen wir einem besonders alten Mann, sprechen wir bisweilen von einem „Methusalem“. Heute längst nicht jedem mehr verständlich, ist der Begriff in einer von der Bibel geprägten Sprachkultur sofort einleuchtend. Denn das höchste einem Menschen in der Bibel zugeschriebene Lebensalter besitzt ein Mann mit diesem Namen. Auf den ersten Seiten der Bibel taucht er in einem Geschlechtsregister auf, das von Adam bis Noah führt. Allerdings liest man den hebräischen Konsonantentext seines Namens heute meist mit „Metuschelach“. Die alte griechische Septuaginta übersetzte hingegen Mathusala(h), und Luther schrieb Methusalah. Wie es im Deutschen zu „Methusalem“ gekommen ist, gilt als ungeklärt. Das gesamte Lebensalter des Mannes wird mit sagenhaften 969 Jahren angegeben. Das ist zwar nicht viel mehr als bei seinen Vorfahren, aber schon wenige Generationen nach Methusalem sterben die Menschen immer früher. Deutlich werden soll: Der Mensch, angewiesen auf den Segen Gottes, muss damit leben, seine ursprüngliche Lebenskraft durch die Abkehr von Gott eingebüßt zu haben.

Metuschelach war 187 Jahre alt und zeugte Lamech und lebte danach 782 Jahre und zeugte Söhne und Töchter, dass sein ganzes Alter ward 969 Jahre, und starb.

1. Mose
Kapitel 5, Vers 25-27

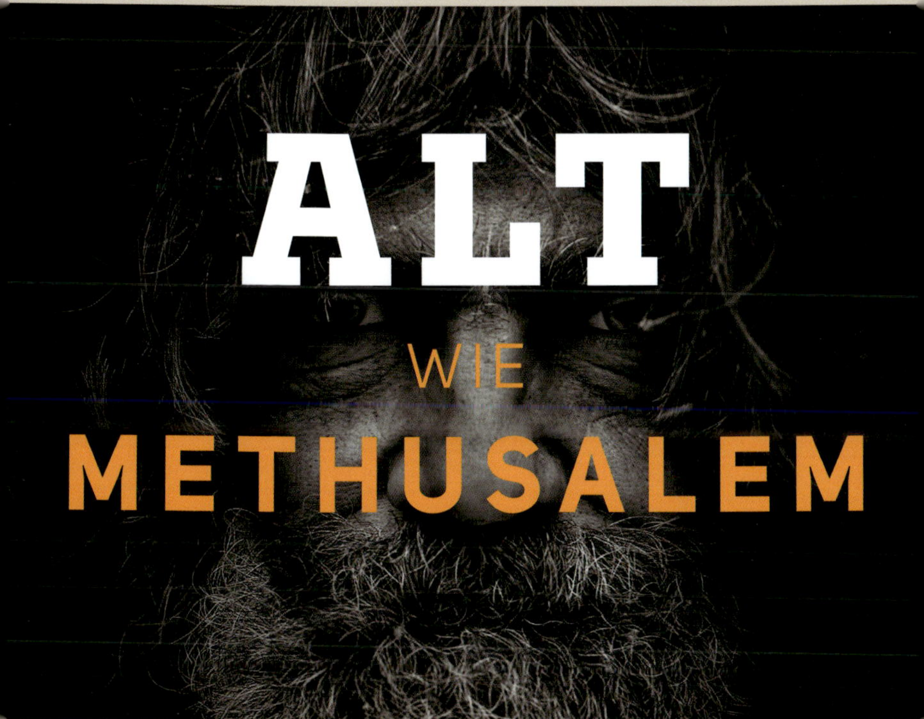

*... warum hast du dann mein Geld
nicht zur Bank gebracht?
Und wenn ich zurückgekommen wäre,
hätte ich's mit Zinsen eingefordert.*

MIT SEINEN PFUNDEN WUCHERN

Lukas
Kapitel 19, Vers 23

Die Redewendung „mit seinen Pfunden wuchern" ist eine Anspielung auf das Gleichnis von den anvertrauten Pfunden. Darin bekommen drei Diener von ihrem Herrn eine bestimmte Summe Geld – von Luther mit Pfund übersetzt –, das sie in seiner Abwesenheit gewinnbringend anlegen sollen. Während zwei das mit Erfolg tun, vergräbt der Dritte das Geld – angeblich aus Furcht vor der Hartherzigkeit seines Herrn.

Inzwischen hat sich die Redensart längst von seinem biblischen Vorbild verselbstständigt und meint schlicht, dass wir die uns anvertrauten Gaben und Fähigkeiten so einsetzen, dass wir und andere einen Gewinn davon haben. Dumm dagegen ist der, der seine Talente ungenutzt verkümmern lässt, statt damit zu wuchern. Er bleibt so unter den ihm von Gott geschenkten Möglichkeiten.

2. Mose
Kapitel 32, Vers 19

Längst ist der Tanz ums goldene Kalb zu einer gängigen Redensart geworden – als Sinnbild für die Gier von Menschen nach Geld und Ruhm und ihre Anbetung von Mammon und Macht.

Doch in der biblischen Geschichte, die für die Redewendung Pate steht, geht es nicht um materielle Güter. Vielmehr wollen die Israeliten Gott aus seiner Unsichtbarkeit herausholen und seiner habhaft werden. Er soll durch das Gießen eines goldenen Kalbes als Symbol der Stärke in ihrer Mitte sein und so ihren Vorstellungen eines mächtigen Gottes entsprechen. Mose aber, der zum Empfang der Tafeln mit den Geboten Gottes sein Volk eine Zeit lang verlassen hat, ist nach der Rückkehr empört über solche Anmaßung. Kurzerhand ordnet er an, das Standbild zu zerstören. Es gilt bis heute das Gebot: „Du sollst dir kein Bild noch Gleichnis (von Gott) machen!" (2. Mose 20,4).

Als Mose aber nahe zum Lager kam
und das Kalb und das Tanzen sah,
entbrannte sein Zorn,
und er warf die Tafeln aus der Hand
und zerbrach sie unten am Berge …

Matthäus
Kapitel 12, Vers 24

Wer den Teufel mit Beelzebub austreibt, der möchte ein Übel mit einem anderen, zumeist noch schlimmeren, bekämpfen. Das kann natürlich nicht gutgehen.

Die im Volksmund gebräuchliche Redewendung geht auf eine Begebenheit im Leben von Jesus zurück. Weil Jesus Kranke heilt und Dämonen austreibt, werfen ihm seine Kritiker vor, er stehe im Pakt mit dem Teufel: Beelzebub bzw. Beelzebul ist im Neuen Testament einer der Namen für den Teufel und bedeutet übersetzt so viel wie „Herr der Fliegen". Wie absurd der gegen Jesus erhobene Vorwurf ist, zeigt sich daran, dass der Teufel wohl kein Interesse daran hat, sich selbst zu schaden oder gar zu besiegen. Jesus dagegen ist in die Welt gekommen, um in der ihm von Gott verliehenen Vollmacht die Werke des Teufels zu zerstören.

Aber als die Pharisäer das hörten, sprachen sie: Dieser treibt die Dämonen nicht anders aus als durch Beelzebul, den Obersten der Dämonen.

DEN TEUFEL MIT BEELZEBUB AUSTREIBEN

Zeit ist kostbar, Zeit ist Geld. Zeit haben wir oft nicht – und brauchen sie doch. Zeit ist unerbittlich, denn sie verstreicht, ohne dass wir sie auch nur für einen Moment anhalten könnten. Weil verlorene Zeit uns niemand zurückbringen kann, ist es umso wichtiger, sie zu nutzen und auszukosten.

Mit seinem Hinweis „Alles hat seine Zeit!“ will uns der Prediger Salomo helfen, den Wechsel der Zeiten zu beachten und die Chancen des Augenblicks zu ergreifen. Dazu muss man erkennen, was an der Zeit ist. Wenn die Zeit der Trauer ist, soll man trauern; wenn es Grund zur Klage gibt, soll man klagen; wenn ein Streit nicht zu vermeiden ist, soll man um die gerechte Sache kämpfen. Aber dann gilt auch: Wo es etwas zum Lachen und zum Feiern gibt, soll man mitlachen und mitfeiern; wo etwas aufgebaut wird, mit anpacken; wo getanzt wird, nicht abseits stehen.

Ein jegliches hat seine Zeit,
und alles Vorhaben unter dem Himmel
hat seine Stunde.

Prediger
Kapitel 3, Vers 1

Da trat auch herzu, der einen Zentner empfangen hatte, und sprach: Herr, ich wusste, dass du ein harter Mann bist: Du erntest, wo du nicht gesät hast, und sammelst ein, wo du nicht ausgestreut hast.

Matthäus

Kapitel 25, Vers 24

Wer die Leistungen anderer als seine eigenen ausgibt, der muss sich die Aussage gefallen lassen, zu ernten, wo er nicht gesät habe. In dem Jesus-Gleichnis von den anvertrauten Zentnern erhebt der faule Knecht genau diesen Vorwurf gegenüber seinem Herrn, der von ihm Rechenschaft fordert. Tatsächlich ist dieser aber unbegründet: Denn jeder der drei Knechte hat „nach seiner Tüchtigkeit" fünf, zwei oder ein Talent Silber erhalten mit dem Auftrag, es zu mehren. Das Talent, das Luther mit „Zentner" übersetzte, ist eine antike Gewichtseinheit und meint hier eine gewaltig große Silbermenge von knapp 40 Kilogramm. Ausgehend von unserem Gleichnis wurde das Talent wahrscheinlich über die lateinische Bibelübersetzung der Vulgata (talentum) in der frühen Neuzeit zum Synonym für „Begabung" und fand so Eingang zunächst ins Englische und Französische.

Nicht als Vorwurf an einen anderen, sondern als grundsätzliche Beschreibung der menschlichen Wirklichkeit greift der Schweizer Ernährungswissenschaftler Gustav von Bunge (1844–1920) auf unsere Redewendung zurück: „Wir ernten beständig, was wir nicht gesät haben." Er fährt mit dem bedenkenswerten Ratschlag fort: „Wir sollten auch säen, was wir nicht ernten können."

Matthäus
Kapitel 9, Vers 17

Schön blöd, wer jungen Wein in alte Schläuche füllt!
Er spart an der falschen Stelle, flickt bloß herum, hält geizig und ängstlich am Altvertrauten fest. Nachhaltig ist anders.
Denn auf diese Weise riskiert er, alles zu verlieren.
Die Schläuche platzen vom Gärgas.

Revolution statt Reförmchen, sagt Jesus, radikaler Neuanfang statt Weitermachen. Denn jetzt kommt Gott. Jetzt ist Feiern angesagt, nicht Fasten. Der neue Wein ist da. Darum Besen rausgehängt, Zwiebelkuchen gebacken, Schmalzbrot geschmiert! Neuer Wein gehört in neue Schläuche – das ist wahre Nachhaltigkeit!

Man füllt auch nicht neuen Wein
in alte Schläuche;
sonst zerreißen die Schläuche
und der Wein wird verschüttet und
die Schläuche verderben.
Sondern man füllt neuen Wein
in neue Schläuche,
so bleiben beide miteinander
erhalten.

JUNGEN
WEIN
IN ALTE
SCHLÄUCHE
FÜLLEN

Hosea
Kapitel 8, Vers 7

Denn sie säen Wind und werden Sturm ernten. Halme ohne Ähren bringen kein Mehl; sollten sie doch etwas bringen, verschlingen es Fremde.

Unser Sprichwort ist eine Mahnung, die Konsequenzen des eigenen Handelns im Blick zu behalten. Auch wird mit diesem Satz oft eine Reaktion der Rache angekündigt, die das Ausmaß der vergoltenen Tat weit übersteigt. Doch wer auf den biblischen Ursprung unseres Sprichwortes blickt, mag fragen, ob dieses Wort als Racheandrohung eines Menschen überhaupt statthaft ist. Zwar durch den Propheten Hosea vorgetragen, versteht es sich doch als Teil einer Gottesrede. Und auch wenn Gott hier darüber klagt, dass sein Volk Israel nicht ihm, sondern den selbstgemachten Götzen nachlaufe: Mit Rache wird hier nicht gedroht. Das Wort beschränkt sich darauf, den altbekannten Zusammenhang von aktuellem Handeln und zukünftigem Schicksal, von Tun und Ergehen in Erinnerung zu rufen. Große Teile des Alten Testaments sehen darin eine von Gott der Welt mitgegebene Gesetzmäßigkeit. Und die wird hier am Ernteleben aufgezeigt: Die Tat ist die Saat, die eines Tages als ein Vielfaches zur Ernte ansteht. Aus der Saat des Windhauchs kann über kurz oder lang der alles zerstörende Sturm werden, von dem wir dann sagen: Das habe ich nicht gewollt!

Manchmal muss man einfach die Reißleine ziehen, anstatt ewig darauf zu hoffen, dass ein Problem von selbst verschwindet. Sonst verliert man wertvolle Lebenszeit. Dann ist das „Ende mit Schrecken" dem „Schrecken ohne Ende" vorzuziehen. Geprägt hat diesen populären Spruch wohl der preußische Husar Ferdinand von Schill, als er sich 1809 in aussichtslose Kämpfe mit den Besatzungstruppen Napoleons verwickelt hatte.

In Psalm 73 sind es nach dem Wortlaut der Lutherbibel die Frevler, die „ein Ende mit Schrecken" nehmen. Obwohl diese Zeitgenossen sich nicht um Gottes Gebote scheren, leben sie allem Anschein nach reich, wohlgenährt und sorglos dahin. Den gottesfürchtigen Psalmbeter dagegen drücken täglich nur Mühsal und Plage. Das lässt ihn arg an Gottes Gerechtigkeit zweifeln. Zuletzt aber wird ihm erneut gewiss: Gott wird diesen Frevlern eben doch ein gerechtes Ende mit Schrecken bereiten, und alles renkt sich wieder ein.

Wie werden sie
so plötzlich zunichte!
Sie gehen unter
und nehmen ein Ende
mit Schrecken.

Psalm
Kapitel 73, Vers 19

LIEBER EIN
ENDE
MIT SCHRECKEN
ALS EIN
SCHRECKEN
OHNE ENDE

DIE AUTOREN

Klaus Jürgen Diehl

Geboren 1943 in Lüdenscheid, Pfarrer i.R.,
von 1971 bis 1995 Bundeswart des CVJM-Westbundes,
anschließend bis zu seinem Ruhestand 2008 Leiter
des Amtes für missionarische Dienste der Ev. Kirche
von Westfalen.

Seite 16 | Seite 23 | Seite 27 | Seite 31 | Seite 34 | Seite 36 |
Seite 40 | Seite 44 | Seite 47 | Seite 50 | Seite 54 |
Seite 57 | Seite 58 | Seite 62 | Seite 70 | Seite 81 | Seite 82 |
Seite 86 | Seite 88 | Seite 90 | Seite 93 | Seite 97 |
Seite 101 | Seite 102 | Seite 104 | Seite 106

Ruprecht Veigel

Geboren 1951, Kindheit und Jugend in Südindien,
Theologiestudium in Tübingen und Zürich,
bis 2016 Mitarbeiter der Deutschen Bibelgesellschaft
im Bereich Bibelmission und Öffentlichkeitsarbeit.

Seite 20 | Seite 32 | Seite 43 | Seite 48 | Seite 53 | Seite 66 |
Seite 72 | Seite 75 | Seite 78 | Seite 94 | Seite 110 | Seite 114

Stefan Wittig

Geboren 1974 in Kelkheim im Taunus,
Pfarrer der Evangelischen Landeskirche in Württemberg,
derzeit tätig in Birkenfeld,
von 2011 bis 2017 Mitarbeiter der Deutschen Bibelgesellschaft
im Bereich Bibelmission und Öffentlichkeitsarbeit.

Seite 18 | Seite 24 | Seite 28 | Seite 39 | Seite 61 | Seite 64 |
Seite 69 | Seite 76 | Seite 85 | Seite 98 | Seite 109 | Seite 113

DER BILDNACHWEIS

Titelmotiv + Seite 25 | temizyurek, iStockphoto.com
Seite 17 | Countrypixel, Fotolia.com
Seite 18 | Skitterphoto.com, Pexels.com
Seite 21 | Quentin Lagache, Unsplash.com
Seite 22 | Isai Ramos, Unsplash.com
Seite 26 | Unsplash.com
Seite 30 | Jay Mantri, Stocksnap.io
Seite 33 | bartekhdd, Pixabay.com
Seite 35 | Rodion Kutsaev, Unsplash.com
Seite 37 | suze, Photocase.de
Seite 38 | JoussenKarliczek
Seite 41 | sylvi.bechle, Photocase.de
Seite 42 | Julien Sister, Stocksnap.io
Seite 45 | Sunyu, Unsplash.com
Seite 46 | Skitterphoto.com, Pexels.com
Seite 49 | Wil Stewart, Stocksnap.io
Seite 51 | Patrick Fore, Unsplash.com
Seite 56 | Christa Lind Godsgirl1028
Seite 59 | AlxeyPnferov, iStockphoto.com
Seite 63 | Mika Matin, Unsplash.com
Seite 65 | Seth Schwiet, Unsplash.com
Seite 67 | beornbjorn, Photocase.de
Seite 68 | Priscilla Du Preez, Unsplash.com